absurd

[gesundem Menschenverstand völlig fern]

Ad absurdum

Jens Hofmann

Impressum

Bibliografische Information der Deutschen Nationalbibliothek:
Die Deutsche Nationalbibliothek verzeichnet diese Publikation in der Deutschen Nationalbibliografie; detaillierte bibliografische Daten sind im Internet über http://dnb.dnb.de abrufbar.

© 2020 Jens Hofmann

Herstellung und Verlag: BoD – Books on Demand, Norderstedt

ISBN: 978-3-7519-8231-3

Die Menschheit hat im Lauf ihrer Entwicklungsgeschichte alle möglichen Traditionen, Rituale und Zeichen entwickelt. Aus Gewohnheiten wurden Regeln, aus Wiederholungen Bräuche. Aber was ist in der aktuellen Zeit aus den Bräuchen und Traditionen geworden? Haben sie noch Sinn? Oder haben sich die Dinge ins Gegenteil dessen verkehrt, für was sie eigentlich stehen?

Und auch außerhalb der Traditionen unterliegen Politik, Wirtschaft und Gesellschaft nicht immer der Logik oder warum sind bei steigendem Meeresspiegel Immobilien auf Sylt so wahnsinnig teuer?

Ganz absurd wird es oft in unserem eigenen Leben, wenn wir etwas richtig gut machen wollen und dann ganz genau das Gegenteil von dem herauskommt, was geplant war.

Diese Zeilen sollen den Blick genau auf diese Phänomene lenken.

Der Leser möge mir verzeihen, dass ich manche Sachverhalte eventuell zu einseitig und verkürzt darstelle. Das ist manchmal notwendig, um den Blick auf das Wesentliche zu richten. Beschimpfen Sie mich dafür ruhig ernsthaft. Ansonsten wünsche ich Ihnen:

Viel Vergnügen!

Herzlichst,

Jens Hofmann

Frohes neues Jahr!

Vor gar nicht mal so vielen Generationen lebten unsere Vorfahren mehr im Einklang mit der Natur. Nicht, weil sie ein besseres ökologisches Gewissen gehabt hätten als wir, sondern weil es notwendig war. Wahrscheinlich hätten sie mit den Worten „ökologisches Gewissen" nicht einmal etwas anfangen können.

Im Tageslicht wurde gearbeitet und wenn es Abend wurde, sammelte man sich um ein Feuer, um sich nur wenig später schlafen zu legen. Kerzen erhellten die Zimmer. Ende des 19. Jahrhunderts begann die Elektrifizierung. Dies diente der Menschheit nicht dazu, abends länger lesen zu können, sondern um Produktionsprozesse auszudehnen. Bald wurden die Früh-, Spät- und Nachtschichten erfunden und Fabriken konnten rund um die Uhr produzieren. Der in Industrieländern lebende Mensch hatte sich vom Tagesrhythmus entkoppelt.

Von der Befreiung vom Tagesrhythmus beflügelt, setzte sich die Menschheit im Folgenden auch über die Jahreszeiten hinweg. Waren vor einigen Jahrzehnten noch wie selbstverständlich Obst und Gemüse nur zur jeweiligen Erntezeit und in den folgenden Wochen in abnehmender Qualität auf den Märkten vorhanden, bekommt man heutzutage die nach nichts schmeckenden

Tomaten das ganze Jahr über in immer gleich schlechter Qualität zu nur wenig veränderten Preisen im Supermarkt. Geschmack, Produktion und Transportwege sind standardisiert und unabhängig von jeglichen äußeren Einflüssen. Feste wie Erntedank sind zu einem Ritual ohne aktuelle Bedeutung verkommen. Der Dank für die Ernte war vor einigen Generationen noch ein einschneidender Termin. Für Kinder zum Beispiel, die sich nicht mit den philosophischen Fragen der Jahreszeiten auseinandergesetzt haben, war dieser Tag mit seinen reich geschmückten Altären das sichtbare Zeichen dafür, dass die Saison des harten Arbeitens auf dem Feld und in den Gärten vorbei ist und man ab sofort als einziges frisches Gemüse noch Grün- und Rosenkohl bekommt. So lernen Kinder früh, dass jede Medaille zwei Seiten hat und ein tolles Fest, bei dem geschlemmt wird, eine umso tristere Zeit nach sich ziehen kann. Dass ein Fest wie Erntedank also langsam in Vergessenheit gerät, ist verständlich und der Entwicklung in einer zunehmend globalisierten Welt geschuldet. Was aber, wenn die Menschheit ein Fest, das an Bedeutung immer mehr verliert auch noch intensiv feiert?

Traditionell zelebrieren wir rund um den Globus, dass ein Jahr zu Ende geht und ein neues Jahr beginnt. Bei unseren Vorfahren machte es sicherlich einen Heidenspaß, an Silvester nach draußen vor die Tür zu gehen und mitten in der Nacht mal so richtig auf den Putz zu hauen! Musste man doch sonst im kalten Winter frieren, sparen, von Vorräten leben, ohne zu wissen, ob diese bei einem langen und kalten Winter wirklich reichten. Mitten in dieser Zeit treffen sich die Menschen auf den Gassen und entzünden Lagerfeuer, machen Krach und feiern, als ob es Sommer wäre. Sie zeigen dem kalten Winter, dass er keine Macht über sie hat, sie demonstrieren ihre Stärke. Die Kälte hat die Häuser zwar in eisigem Griff, die blassen Menschen frieren und fürchten sich in der Dunkelheit; aber mitten in dieser trostlosen Zeit feiern sie ihre Hoffnung, ihren Glauben und das Wissen, dass der Frühling kommen wird und die Tage wieder länger werden und die Sonne wärmer.

Nach der Silvesternacht gehen die Menschen wieder in ihre kalten dunklen Häuser, aber sie fühlen sich besser, mutiger, gesünder und hoffnungsvoller. Dieses alte Ritual ist in diesem Kontext eine sinnvolle Einrichtung.

Heutzutage sitzen wir in unseren gut gedämmten Häusern an den gut beleuchteten Straßen, kaufen fürs Raclette am Silvesterabend frisches Gemüse und für das professionelle Feuerwerk Raketen, die am anderen Ende der Welt massenweise industriell oder von Kinderarbeit hergestellt wurden und die stundenlang den sowieso über unseren Städten schon voll beleuchteten Himmel noch mehr erhellen.

Wir unterbrechen nicht mehr die große Dunkelheit und Kälte durch ein kleines Zeichen menschlicher Stärke und Wärme, sondern wir treiben die Hektik und Nervosität der Menschheit auf die Spitze, um das nächste Jahr genau so weiterzuführen, wie wir das alte aufgehört haben. Dabei sind wir so laut, dass Tiere vermehrt an dem Stress dieser einen Nacht sterben und produzieren so viel Dreck, dass am Morgen des ersten Januar regelmäßig unsere Straßen aussehen, als lägen wir im Krieg und eine dichte Wolke von Feinstaub in der Luft hängt, die wir im Rest des Jahres versuchen, loszuwerden. Das ist absurd, weil wir mit diesem Ritual nicht mehr als Gesellschaft unseren Kindern etwas beibringen, zeigen oder sie lehren wollen; wir feiern nicht mehr, um uns Hoffnung zu machen und die bösen Geister des Winters zu vertreiben. Nein – wir knallen einfach nur möglichst laut und bunt herum, um Spaß zu haben. Wir tun dies infantil, ohne Sinn und Verstand, ohne Notwendigkeit und verstehen auch gar nicht mehr, was wir tun. Man könnte meinen, unsere gesamte Gesellschaft wäre in der Pubertät.

Und wo wir schon thematisch mitten im Winter sind: Direkt vor dem Silvester-Irrsinn findet etwas statt, was mittlerweile genauso absurd erscheint: Weihnachten.

Besinnliche Weihnachtszeit

Zur Wintersonnenwende haben die Menschen – vor allem auf der nördlichen Halbkugel - schon sehr lange eine besinnliche Zeit erlebt. Die arbeitsreichen Jahreszeiten Sommer und Herbst waren vorbei, an Haus und Hof alles winterfest gemacht und nicht mehr viel zu tun. Es war schon immer die Zeit, um Geschichten zu hören, zur Ruhe zu kommen, Kräfte zu sammeln für das nächste Jahr; viel zu schlafen, viel zu lieben und viel zu denken. Eine Zeit der Besinnlichkeit.

Die unterschiedlichen Religionen haben rund um das Datum der Wintersonnenwende, die rund um den 21. Dezember ist, eigene Rituale entwickelt. Die Christenheit erzählt die Geschichte von der Geburt Jesu und so erwarten wir still und ehrfurchtsvoll die Ankunft von Gottes Sohn auf der Welt. Weil Gott uns seinen Sohn als Geschenk gemacht hat schenken wir auch unseren Kindern etwas. Vielleicht ist das Schenken zu Weihnachten der Grund allen Übels, vielleicht begann mit dem Schenken, der Sinn des eigentlichen Festes zu verblassen.

Was wäre Weihnachten ohne die Adventszeit? Das Warten auf diesen Tag ist ja das, was das ganze Fest eigentlich so schön macht. Der Winter zieht sich genauso in die Länge, wie die Nächte und um diese Zeit des Nichtstuns zu überbrücken (denn unsere Vorfahren konnten sich noch nicht mit all den Dingen ablenken, die uns zur Verfügung stehen) waren sie darauf angewiesen, Brettspiele zu spielen oder sich Geschichten zu erzählen, wenn tagsüber die wenigen Stunden im Schnee oder auf dem Eis vorüber waren,

Wer erzählt heute noch vierundzwanzig Geschichten? Wahrscheinlich würde uns für so viele Geschichten die Kreativität fehlen. Der Adventskranz, den wir heute komplett fertig geschmückt und mit nummerierten Kerzen, damit auch niemand durcheinander kommt, für unter zehn Euro im Einkaufszentrum erwerben war ursprünglich einmal ein Wagenrad, auf dem vier große Kerzen für die Adventssonntage und zwischen 18 und 24 kleine Kerzen standen, je nachdem, wie lange die Zeit zwischen dem ersten Advent und dem Weihnachtsabend dauerte. Der Theologe Johann Hinrich Wichern hat ihn erfunden, um den von ihm betreuten Kindern in einem Waisenhaus (und in Zeiten der Industrialisierung gab es davon viele, die Not war groß)die Zeit bis Weihnachten zu verkürzen und auch das Zählen beizubringen. In unserer heutigen Gesellschaft ist das natürlich viel zu kompliziert. Alles wird genormt. Nicht mehr vom ersten Adventssonntag wird gezählt, sondern vom Monatsanfang, das sind immer vierundzwanzig Tage, egal in welchem Jahr und anstatt eine Kerze anzuzünden, sich Zeit füreinander zu nehmen und sich Geschichten zu erzählen, wird aus der Plastikform, die mit bunter Pappe verdeckt ist an jedem Tag ein „Türchen" geöffnet, um ein winziges Stück schlecht schmeckender Schokolade heraus zu popeln. Warum das nun auf die Feier hinauslaufen soll, bei der wir die Geburt von Gottes Sohn feiern, erschließt sich mir nicht mehr so ganz.

Wer singt noch die Geschichte in Liedern? Kennen wir überhaupt noch die Geschichten, die uns der Advent erzählen will? Oder kennen wir nur noch die Geschichte, wie sich George Michael beim letzten Weihnachtsfest verliebt hat und enttäuscht wurde? Wir hören im Radio die immer gleichen Christmas-Songs, sind satt, genervt und stressen uns, das immer bessere, größere, teuerste Geschenk zu schenken, von Jahr zu Jahr, während die immer älter werdende Gesellschaft alleine ist und einsam oder wir die Familienangehörigen, die wir sonst das ganze Jahr missachten, weil wir keine Zeit für sie haben, zu uns holen und dann stumm voreinander sitzen oder uns streiten, weil wir eigentlich gar nichts mehr miteinander anfangen können.

Zeit zu schenken wäre klug und weise, miteinander still zu sein und andächtig wäre den äußeren Umständen angemessen, fröhlich zu sein und miteinander zu lachen wäre aufgrund der

9

Geburtstagsfeier für Gottes Sohn ebenso angemessen und gut; aber so sitzen wir vollgefressen, übersatt und nur oberflächlich glücklich vor dem überfrachteten Weihnachtsbaum, dessen Grün als Zeichen, dass die Natur nicht tot ist, sondern nur schläft und wieder erwachen wird, überdeckt ist von Gold, Silber oder sonstig buntem, infantilen Schmuck. Wir haben uns entweder nichts zu sagen oder streiten uns.

Wer fängt an, wieder Geschichten zu erzählen? Wer fängt an, wieder still zu sein? Wer traut sich, nichts zu schenken? Wer beginnt damit, den Sinn hinter all den Ritualen zu sehen und wieder Mensch zu werden und nicht nur Konsument?

Uni - Form

Vor einigen Jahren musste ich – entgegen meiner Gewohnheit und Neigung – einer Karnevalsfeier beiwohnen. Es ging nicht anders, ließ sich nicht vermeiden und so versuchte ich, das Beste daraus zu machen. Die meiste Zeit saß ich in einem Versorgungsraum im Keller, wo alle Mitarbeitenden, Sanitäter, Techniker, Fahrer, Journalisten, Servicepersonal und Sicherheitskräfte verpflegt wurden. Alkohol konnte ich nicht trinken, weil ich arbeiten musste, also war ich auf Gedeih und Verderb nüchtern diesem Schauspiel ausgeliefert.

Überall sah ich die verschiedenen Uniformen der Clubs und Vereine. Die Frauen in kurzen Röckchen und die Männer in bunten Anzügen. Und alle hatten auf dem Kopf eine kleine oder große Narrenkappe mit dem Vereinsemblem und manchmal kleinen Glöckchen daran.

Für was steht die Narrenkappe? Sie entwickelte sich aus der Gugel, einer mittelalterlichen Kopfbedeckung und bekam im Lauf der Zeit anstatt dem einen Ende zwei spitze Enden, die mit Glöckchen oder Schellen besetzt waren, während es bei den Mönchskutten bei einer Gugel mit einem Zipfel ohne Glöckchen blieb. Aus den beiden Spitzen entwickelten sich bis ins späte Mittelalter hinein Ohren, die den Narren als Esel darstellten. Dieser Esel – das Tier steht immerhin für Trägheit und Dummheit – dürfte bei Hofe die Dinge aussprechen, die zwar jeder andere dachte, sich aber niemand auszusprechen wagte. Der Narr konnte ungestraft Kritik am Herrscher üben, meist zwar verklausuliert in Fabeln, die aber ein jeder mit halbwegs Hirn und Verstand einzuordnen wusste.

Mit seiner oft bunten und extravaganten Kleidung war der Narr jedenfalls für jeden erkennbar ein Unikum, einzigartig. Was den Narren auszeichnete, war seine Unabhängigkeit und das Fehlen der Zugehörigkeit zu einer Gruppe. Der Narr war kein Soldat mit einer Uniform, kein Mönch mit einer Kutte; es gab keinen zweiten Narr im gleichen Outfit, keine Narrentruppe, die im Gleichschritt marschierte und rhythmische Lieder sang. Nein – der Narr ist ein außerhalb der Gesellschaft stehender Mensch, der sein eigenes Lied singt, ein Troubadour, ein Alleinunterhalter.

Und ich sitze im Mainzer Schloss und schaue mir an, wie zu Volksmusikklängen und im Gleichschritt ein Karnevalsverein nach dem anderen in eine Halle einmarschiert, grüßt, lacht und sich betrinkt und wünschte mir, wir hätten mehr wirkliche Narren im eigentlichen Sinn in unserer Gesellschaft; mehr Satiriker, mehr Kabarettisten und ich wünschte mir, wir hätten ein offeneres Ohr für die Obdachlosen, die ihre Kritik an der Gesellschaft vielleicht nicht immer in gute Worte fassen können, die aber trotzdem die Geschichten erzählen könnten, die früher einmal die Narren erzählt haben.

Und so ist die Narrenkappe verkommen von einem Symbol der Ausgegrenztheit, Kritik und Individualität zu einem sinnlosen Requisit, so inhaltsleer wie die Köpfe, die es bedeckt. Mehr noch als das: Die Narrenkappe ist heute Teil einer Uniform. Ihre Symbolik wurde also im Lauf der Zeit nicht nur verzerrt, sondern ins Gegenteil verkehrt.

Erziehung

Die Pädagogik hat im Lauf der Zeit viel mitgemacht. Vom Nürnberger Trichter zu Waldorfschulen haben sich viele Menschen daran versucht, die Erziehung unserer Kinder besser zu machen. Als ich zur Schule ging, war man sich gerade einige Jahre zuvor länderübergreifend einig geworden, dass das Schlagen von Kindern nicht mehr zeitgemäß sei, wofür ich extrem dankbar bin.

Wahrscheinlich als Ausgleich für die fehlende Möglichkeit der körperlichen Züchtigung bekam ich bei jeder passenden und unpassenden Gelegenheit gesagt, wie sehr ich etwas noch nicht konnte, was ich noch deutlich verbessern könnte und wozu ich nun wirklich gar nicht taugen würde.

Ich muss zugeben: hoch motivierend war das nicht – aber es hat mich dazu angetrieben, besser zu werden, es meiner Umgebung, vor allem natürlich meinen Vorbildern wie meinem Vater, meinen Ausbildern und anderen Respektpersonen, zu zeigen, dass ich es besser kann. Gut, ich habe keine Mega – Karriere hingelegt, aber ich finde, ich komme im Leben ganz gut zurecht. Vielleicht hat die dauerhafte negative Bestätigung dazu geführt, dass ich nicht genug Selbstbewusstsein hatte, um in der Nahrungskette unserer Gesellschaft ganz oben zu stehen, aber ich habe zumindest auch nicht ganz versagt.

Mittlerweile ist das Selbstbewusstsein in den Mittelpunkt der Pädagogik gerückt und so wurde die nächste Generation mit sehr viel positiver Bestärkung erzogen. Blöd nur, dass man erst nach zwei Jahrzehnten sieht, wozu die Änderungen im Bildungssystem führen.

Heute laufen jede Menge junge Erwachsene herum, deren Selbstwertgefühl alles übersteigt, was ich mir jemals hätte erträumen können. Dass die Leistung dieser jungen Menschen so gar nicht mehr mit dem Selbstbild übereinstimmt, ist fatal: im Handwerk bleiben Ausbildungsstellen unbesetzt, weil die Jugendlichen erstens zu blöd und zweitens zu unmotiviert sind, etwas lernen zu wollen oder auch mal einen raueren Tonfall zu ertragen. Aber warum sind sie zu blöd? Per se ist es biologisch so, dass eine Population eher neue Dinge lernt und damit von Generation zu Generation schlauer wird. Unsere Jugendlichen sind also nicht zu blöd, sie sind nur falsch motiviert. Wir wollten unseren Kindern durch positive Bestärkung ein tolles Selbstbild und damit ein gesundes Selbstbewusstsein geben. Wir haben sie für die kleinste Kleinigkeit gelobt. Ich habe gesehen, wie eine Mutter sich überschwänglich bei ihrem Kind dafür bedankt hat, dass es „Danke" gesagt hat, als ein anderes Kind mit ihm eine

Süßigkeit geteilt hat. Auf facebook wird heutzutage gepostet, wenn Junior es schafft, sich unfallfrei die Schuhe zuzubinden und Mami bekommt dafür viele „Likes" und Herzchen, auch wenn Junior schon in die dritte Klasse geht.

Von einer Erziehung kommend, wo Kinder ihre Eltern noch mit „Sie" angeredet haben und Schläge bekamen, wenn sie etwas falsch gemacht hatten, meinten wir es extrem gut mit ihnen und haben sie stärker und selbstsicherer machen wollen. Was haben wir heute? Kinder, die sich hinter ihrem aufgesetzten Selbstbewusstsein verstecken, weil sie tief in sich drin zutiefst verunsichert sind, die sich abhängig machen vom Urteil einer Gemeinde ihnen größtenteils im wahren Leben unbekannter „Freunde" oder „Follower" und die nicht mehr in der Lage sind, eine Ausbildung oder ein Studium erfolgreich zu Ende zu bringen.

Die weniger werdenden, die das noch schaffen, werden immer mehr umworben und besser bezahlt. Die breitere Masse aber ist im Kern erfolglos und wahrt nach außen einen schönen Schein. Der Spalt in unserer Gesellschaft wird größer, die Schere geht weiter auf. Das Pendel, das in der einen Richtung zu weit ausgeschlagen war, hat nun die andere Seite erreicht und irgendwo dazwischen liegt das, was gesund ist für unsere Kinder, Jugendlichen und damit für unsere ganze Gesellschaft. Das eine Wollen, aus den richtigen

Gründen das falsche Tun und damit das andere zu bekommen – das ist absurd.

Der Fairness halber muss ich zugeben, dass es nicht nur die Pädagogik alleine ist. Es sind viele Entwicklungen, das Geschehen ist multifaktoral. Eltern haben weniger Zeit, weil mehr Frauen arbeiten und weniger als Hausfrau und Mutter sich um die Kinder und deren Schulaufgaben kümmern können. Die einfache Rechnung, dass die Emanzipation der Frau das Schulversagen unserer Kinder zur Folge hat, ist aber falsch, weil diese Generation ein viel besseres Frauenbild als Vorbild bekommt. Es ist also kompliziert.

Wollen wir trotzdem zurück zu der Gesellschaft, in der die Mutter am Herd steht, sich um die Kinder kümmert und der Vater das Geld nach Hause bringt? Zurück zu einer Zeit, in der die meisten Frauen finanziell und sozial abhängig waren von ihren Ehemännern? Oder lernen wir vielleicht langsam, dass eine freiheitliche Gesellschaft, in der möglichst wenig Zwang herrscht, aber durchaus ein gewisser gemeinschaftlicher Gedanke, der Gesellschaft ein gutes Mitglied zu sein, das Ideal einer Gesellschaft ist? Solange wir anscheinend inmitten eines Umbruchs leben, bei dem unsere Gesetze weiter vorangeschritten sind als unsere Kultur, so lange wird es absurde Zustände geben. Erst wenn der letzte Mensch in unserer Gesellschaft verinnerlicht hat, dass jeder so leben kann, wie er möchte und es den Nachbarn im Zweifel nichts angeht, wie man lebt, erst dann werden wir in Frieden miteinander leben können. Denn es kann für die eine Familie richtig sein, wenn die Frau zu Hause bleibt und sich um die strenge Erziehung der Kinder kümmert und in dieser Familie sind damit alle glücklich und nebenan kann eine alleinerziehende Frau wohnen, die ihren Kindern möglichst viel Freiraum lässt und sie in aller Konsequenz antiautoritär erzieht und dort sind ebenso alle glücklich. (Gut, ich bediene gerade Archetypen, es könnte auch genau anders herum sein oder auf der Skala der Extreme irgendetwas dazwischen) Viel zu oft legen wir die Maßstäbe, die wir für unser eigenes Leben als gültig anerkennen an das Leben anderer an. Aber es sind unsere Maßstäbe und nicht die der anderen.

Genau das macht unsere Gesellschaft und unseren Staat aus, dass nicht in die Privatsphäre eingegriffen wird, sondern wir möglichst frei leben können, solange wir niemand anderen dadurch in seinen Rechten verletzen. Gesetze legen allgemeinverbindlich fest, was für alle gelten muss und lassen so für alles innerhalb dieses Rahmens Raum für Vielfalt. In dieser Gemengelage kann es immer wieder zu Absurditäten kommen, über die wir dann gerne lachen können. Diese Vielfalt durch Einfalt ersetzen zu wollen, wo jeder Mensch gezwungen ist, so zu sein, wie jemand anders es will, das wäre ernsthaft absurd.

Es bleibt daher spannend zu sehen, wohin sich Pädagogik, Gesellschaft und Staat entwickeln und eines ist ganz klar: Die Bildung ist ein Schlüsselelement in diesem komplexen Gefüge.

Das Weltweit – Netz

Ich gehöre noch zu jener Generation, die kein „digital native" ist. In meiner Kindheit und Jugend waren das Mobiltelefon und das Internet noch nicht erfunden. Erst als junger Erwachsener hatte ich mein erstes Handy mit Abmessungen eines kleinen Schuhkartons, dem Gewicht eines Backsteins und der Leistung einer Telefonzelle; mehr als Telefonieren konnte ich damit nämlich sowieso nicht und der Empfang war Glückssache. Meinen ersten E-Mail-Account hatte ich noch etwas später und zwar auch nur, weil irgendwie alle dieses komische neue elektronische Postfach hatten. Was ich so richtig damit anfangen sollte, erschloss sich mir noch nicht. Das Geschwafel der etwas jüngeren Leute, wonach bald auch Firmen und sogar Behörden dieses Medium nutzen würden, hielt ich für absolut illusorisch. Wie bitteschön würde man denn Kfz-Kennzeichen oder einen Reisepass mittels elektronischer Post beantragen können, das war für mich in den nächsten Jahrzehnten kein realistisches Szenario. Dies sollte nicht meine einzige Fehleinschätzung bleiben, was die neuen Medien angeht.

Die rasend schnelle Entwicklung sollte – so das Versprechen in aller Munde – die Menschen näher zusammenbringen: Kinder könnten trotz räumlicher Trennung miteinander spielen, Konzerne weltweit ihre Mitarbeiter ohne

Zeitverzögerung miteinander arbeiten lassen und mittels Videoverbindung könnten Familien trotz deutlich gestiegener Mobilität trotzdem leben, als wären sie an einem Ort vereint.

Dass Kinder besser offline miteinander spielen, die Mitarbeitenden in Firmen weltweit wegen der Zeitverschiebung sowieso nicht ohne Zeitverlust miteinander arbeiten können und Familien einander nicht zweidimensional über einen Bildschirm einmal in der Woche, sondern dreidimensional täglich brauchen, hatten wir nicht bedacht. Trotz Audio- und Videoverbindung haben die Flugreisen zugenommen, die Kinder, die schon im Alter von zwei Jahren über einen Bildschirm wischen, aber nicht mehr mit Matsch und Sand spielen können, entwickeln sich zu unfähigen psychisch kranken Schulkindern, die am kleinsten Leistungsdruck zerbrechen und immer mehr unfähig sind, am Leben außerhalb des Internets sozialverträglich teilzunehmen.

Programme übersetzen uns Texte in fremde Sprachen, so dass wir zwar die Übersetzung lesen können, aber unser virtuelles Gegenüber dadurch nicht besser verstehen. Ohne den anderen Menschen zu kennen, seine Mimik zu lesen, seine Gestik zu sehen, ihn zu spüren und zu erfahren, können wir nie Vertrauen und eine wirklich persönliche Bindung eingehen. Eine Sprache zu lernen heißt außerdem auch, die Kultur zu lernen, das Land und die Leute kennen zu lernen. Die Motivation, eine Sprache zu lernen, wenn ich doch immer mit einem Übersetzungsgerät in der Hosentasche reisen kann, sinkt beachtlich.

Das Netz der Dinge verknüpft alles und soll es uns noch einfacher und bequemer machen. Aber was macht es aus uns? Wir werden bequem und damit träge, entscheidungsarm, konsumieren nur noch, haben keine Ziele mehr und keine Phantasie, nichts, was wir erreichen wollen. Wir spielen Spiele, aber nicht, um gemeinsam an einem Tisch zu lachen und uns näher zu kommen, sondern alleine vor einem Monitor, um uns abzugrenzen, nicht zu berühren, nicht zu sehen und zu spüren. Wir bewegen uns in einem Netz voller Hasskommentare, die derjenige, der sie verfasst, Dir niemals direkt sagen würde, wenn er mit Dir an einem Tisch mit einem Brettspiel und einem gemeinsamen Glas Tee oder Bier sitzen würde.

Und so sitzen wir einsam, phantasielos und unkreativ ein jeder vor seinem Bildschirm und fühlen uns auf eine kalte zweidimensional flache Weise miteinander verbunden, obwohl wir dreidimensional herzenswarm gemeinsam an einem Tisch sitzen könnten. Das ist nicht nur absurd, das ist auch armselig.

Anstatt näher zusammenzurücken, sind Familien, Firmen, ja unsere ganze Gesellschaft weiter auseinander gerückt, ja mittlerweile gespalten. Wissenschaftler warnen davor, dass die Menschheit durch alle digitalen Medien leiden könnte und fordern dringend verbindliche Regeln, damit Schaden abgewendet werden kann. Unpopuläre Maßnahmen jedoch sind schwierig durchzusetzen, der Weg des geringsten Widerstands ist immer einfacher zu beschreiten, als der steinige Weg, der unter Umständen auch mit Verboten arbeiten müsste. „Verbot" ist ja ein Wort, dass man in unserer Gesellschaft gar nicht mehr in den Mund nehmen darf, weil wir ja so aufgeklärt, vernünftig und erwachsen sind, dass wir keine Verbote mehr brauchen; die Politik muss nur die richtigen Anreize schaffen, dann regulieren sich Kriminalität, der Markt und alle Probleme von selber. Diese Theorie – Neoliberalismus genannt – ist kläglich gescheitert, aber so schön einfach. Und so behalten wir ein world wide web ohne wirkliche Regeln, dümpeln planlos vor uns hin, ignorieren die einsamen Mahner in der Wüste und hoffen, dass durch das Stecken unseres Kopfes in den Sand der Tsunami zwar über uns hinwegfegt, wir aber unbeschadet bleiben. Alleine das sollte uns zeigen, dass wir nicht erwachsen genug sind für Neoliberalismus, genauso wie Kommunismus zwar eine tolle Idee, aber der Mensch nun einmal nicht dafür gemacht ist. Wir brauchen hier ein Verbot zumindest für Kleinkinder, mit mobilen Endgeräten überhaupt nur umzugehen. Die

Schäden sind immens und Tabak- und Alkoholkonsum sind schließlich auch verboten und erst ab einem gewissen Alter erlaubt.

Aber auch ab einem Alter, in dem man meinen könnte, Menschen würden verstehen, was sie tun, verhalten sie sich im Internet nicht so, wie sie es in der analogen Realität tun würden. Wahnsinn soll sich angeblich gemäß Albert Einstein so definieren, dass man erwartet, andere Ergebnisse zu bekommen, wenn man immer wieder das Gleiche tut. Das ist tatsächlich Wahnsinn, ob dieses Zitat nun wirklich von Einstein ist oder nicht; trotzdem machen wir mit dem Wahnsinn des unreglementierten Internets immer weiter, wohl wissend, dass sich Menschen dort zu Hass anstacheln, sich radikalisieren und zu Gewalt aufrufen. Aber ein Reglement könnte nach Meinung einiger, die sich damit beschäftigen, auch verhindern, dass unterdrückte Menschenrechtsaktivisten in Schurkenstaaten die Außenwelt erreichen. Und so verharrt die Politik wie das Kaninchen vor der Schlange und glaubt offensichtlich daran, dass durch Nichtstun sich die Probleme der Digitalisierung von alleine lösen.

Politiker*innen:

In unseren Filmen sind die Helden die, die mit offenem Visier kämpfen, die ehrlich sind und manchmal vielleicht sogar ein wenig naiv. Es sind die, die an etwas glauben, ihre Haltung und ihre Grundsätze haben, ihre Werte, die sie nicht verraten.

In der Politik scheint man nur erfolgreich zu sein, wenn man sich mit einem Netzwerk von Mitstreitern umgibt, agitiert und den politischen Gegner in den eigenen oder den fremden Reihen hintergeht, lächerlich macht und so ausspielt, dass es zum eigenen Vorteil gereicht. Das hat so gar nichts zu tun mit dem ehrlichen aufrechten Menschen, der unser politischer Held sein sollte.

Junge Politikerinnen und Politiker lernen schnell, dass sie mit einem "Herr Lehrer Herr Lehrer, ich weiß was - im Keller brennt noch Licht, aber ich habe es schon ausgemacht!" bei denen, die schon Verantwortung in der Politik tragen, gut ankommen. So werden Streber und Heuchler herangezogen, die selber irgendwann in der Politik erfolgreich sind. Sie sind Netzwerker, Intriganten, Lügner, aber auf den Wahlplakaten sehen wir sie als Helden, ihre Ehrlichkeit und Volksnähe wird gelobt und wir wählen sie, wenn sie uns vertrauenswürdig vorkommen. Das Bild hat mit der Realität nur leider wenig bis gar nichts zu tun.

Vernünftig wäre es, sich mit den Aussagen der Politikerinnen und Politiker auseinander zu setzen. Aber weil für eine inhaltsreiche Auseinandersetzung die Aufmerksamkeitsspanne fehlt, bleibt es maximal bei Schlagworten.

Gehört der Islam zu Deutschland: ja oder nein?

Diese Frage in ihrer Einfachheit ist eine Frechheit, denn wenn ich die Frage geschichtlich betrachte, dann ist Europa christlich geprägt und nicht muslimisch. Viele unserer Errungenschaften, angefangen von so essentiellen Dingen wie Mathematik und Medizin, sind jedoch arabischen Ursprungs; so ganz einfach ist daher alleine schon die historische Betrachtung nicht. Im Lauf der Geschichte sind immer wieder Musliminnen und Muslime zugewandert, was den Preußenkönig, den „Alten Fritz" zu dem Ausspruch veranlasst haben soll, dass jeder nach seiner Facon selig werden solle. Damit hatte er das Grundrecht auf Religionsfreiheit geschaffen. Ihm war es schlicht egal, zu welchem Gott die Menschen beten, Hauptsache, sie sind ihm gute Untertanen. Es gibt also verschiedene Blickwinkel, ein Thema zu betrachten, aber auf die Frage, ob der Islam zu Deutschland gehört, darf man als der Gefragte nur mit einem Wort antworten. Das ist schlechter Journalismus ohne Neugier, Respekt und Kritik, das ist purer Populismus, aber eben das, was der geneigte Leser lesen oder der Hörer hören will.

Eine kurze Schlagzeile und vielleicht drei Zeilen Text darunter. Mehr Raum und Zeit hat eine Politikerin oder ein Politiker nicht.

So setzen sich in der Politik die Populisten durch, die wissen, welche Schlagworte sie bedienen müssen, um Applaus zu bekommen, die in einem Netzwerk aus Gleichgesinnten stecken, die genauso populistisch sind, wie sie selbst. Die nachdenklicheren, kritischeren und reflektierteren Politikerinnen und Politiker, die es vor Jahrzehnten noch in Spitzenämter geschafft haben, wie Hans-Jochen Vogel oder Norbert Blüm; Menschen, die durch ihre inhaltliche Arbeit geglänzt haben, werden nur noch dann erfolgreich, wenn sie zusätzlich noch das Gespür für Macht haben. Die Kombination ist allerdings sehr selten. Und so setzen sich die inhaltsarmen Köpfe durch, die am schönsten vom Wahlplakat lächeln. Und am Ende kann kaum noch eine Wählerin oder ein Wähler sagen, für welche Politik dieser Kopf auf dem Wahlplakat denn steht.

Jetzt wird es persönlich

Die, die wir am meisten lieben, können wir am ehesten verletzen. Hier zeigt sich die Absurdität in ihrer größten Logik. Denn wenn wir von einem Menschen nichts wissen, wo und wie sollten wir ihn dann persönlich angreifen können? Wir können ihn nur da treffen, wo wir uns mit ihm auseinander setzen, also sachlich in einer Diskussion, fachlich bei einem Thema, aber nie persönlich.

Anders ist da bei Menschen, die wir sehr gut persönlich kennen. Eltern, Geschwister und – am allerbesten – unsere Partner. Durch die Kenntnis der persönlichen Schwächen, peinlicher Geschichten und Dingen, die lieber nicht öffentlich geteilt werden sollten, gibt es für uns jede Menge Druckmittel.

Diese Druckmittel wollen wir natürlich niemals einsetzen, wenn es aber zum Streit kommt, dann tun wir es doch. Das ist einerseits absurd, andererseits ist es halt so schön einfach. Am Einsatz dieser Druckmittel, obwohl meist unbewusst eingesetzt, ist schon so manche Beziehung zerbrochen. Mit zunehmendem Alter lernen die meisten Menschen, dass der Einsatz von Gemeinheiten und persönlichen Verletzungen zwar möglich, aber langfristig schädlich ist und verzichten daher darauf, diese oberflächlich betrachtet logische Waffe in unseren Händen zu nutzen. Manche Menschen lernen es aber nie. Ob Boshaftigkeit oder Dummheit die Ursache ist, ist wohl ein sehr individueller Unterschied und hängt auch davon ab, ob jemand die Beziehung fortführen oder beenden will. Erst dann, wenn jemand eine Beziehung fortführen will und trotzdem die entsprechende Person verletzt, dann wird es absurd. Vielleicht wird an diesem Beispiel am besten deutlich, dass der Mensch bei aller Vernunft eben immer und immer wieder seinen Emotionen unterworfen ist und nicht mehr rational handelt. Die größten Dramen der Menschheit sind entstanden wegen der größten Emotionen.

Das Sehnsuchtsparadox

Das Gras ist immer grüner auf der anderen Seite des Zauns. Es scheint Menschen zu geben, die in ihrem Leben eine bestimmte Sache unbedingt wollen, ein Ziel unbedingt erreichen wollen, die darauf hinarbeiten, in frühester Jugend schon wissen, wohin die Reise gehen soll und dann eine irre gute Erfolgsgeschichte in ihrem Leben schreiben.

Die meisten Menschen jedoch wissen nicht schon immer genau, was in ihrem Leben geschehen soll. Sie treten die lange Reise an, ohne das Ziel zu kennen und haben zwar Zwischenziele, lassen sich aber immer wieder ablenken, gehen Umwege oder scheitern und müssen daher einen anderen Weg gehen, als geplant. Wenn nun also drei Wege vor mir liegen und ich entscheide mich in dem Moment, in dem ich mich entscheiden soll, für einen bestimmten Weg, dann sollte mir klar sein, dass ich die anderen beiden Wege nicht mehr gehen kann. Ist ein junger Mensch hin- und hergerissen zwischen zwei Berufsausbildungen und entscheidet sich für die eine von ihnen, dann wird die andere nicht mehr zur Verfügung stehen; dieser Weg ist dann versperrt, die Tür geschlossen. Habe ich mich dann für eine bestimmte Ausbildung entschieden, dann sollte ich sie vernünftigerweise auch zu Ende bringen und nicht je nach Lust und Laune immer wieder neue Berufe ergreifen und in keinem einen Abschluss schaffen.

Auf individueller Ebene erschließt sich die Entscheidung noch logisch und nicht absurd. Auf gesellschaftlicher Ebene jedoch wird es etwas abstrakter und im Handumdrehen wird es hier absurd. Ein Beispiel:

Menschen ziehen aus ländlichen Regionen weg und hinein in die großen Städte. Wohnungen werden unbezahlbar teuer, aber die jungen Menschen haben einfach keine Lust mehr, auf dem Land zu arbeiten und zu wohnen, es zieht sie in die Metropolen. Der öffentliche Nahverkehr, das kulturelle Angebot, der Heiratsmarkt – alles ist attraktiver in der Stadt.

Mit dieser Entwicklung hat ein weiterer Trend stattgefunden: Zeitschriften, die das Leben auf dem Land, Handarbeiten und selbst eingekochtes Essen beschreiben, haben ihre Auflagen vervielfacht.

Die Metzger auf dem Land müssen schließen, weil es keine Kundschaft mehr gibt. Metzger in einer großen Stadt (wo es ausreichend Versorgung über den Supermarkt gibt) können sich vor Arbeit kaum retten, weil ihre Läden die neu hinzugezogenen Landeier an ihr Heimatdorf erinnert. Diese Metzger allerdings können gar keine Hausschlachtung durchführen, dafür fehlen ihnen in einer eng bebauten Stadt die Voraussetzungen. Also handelt es sich um Verkaufsstellen von Metzgern, die außerhalb der Großstädte – zu diesem Beispiel sehr passend Speckgürtel genannt – ihre Betriebe haben und ihre Produkte in die Stadt liefern. Dazu liefern sie in der heutigen Zeit auch noch per App die Geschichte des Schweins mit Bildern aus seinem glücklichen Leben für das gute Gewissen des Konsumenten, wenn dieser herzhaft in sein Schinkenbrötchen oder seinen Krustenbraten beißt, wofür er gerne mehr bezahlt, weil der Service rund um die Wurst der Allerbeste ist.

Ein weiteres Beispiel:

In puncto Heiratsmarkt ist trotz aller Internetmöglichkeiten die räumliche Nähe entscheidend (schließlich will man sich irgendwann einmal nicht nur auf einem Bildschirm sehen) und daher die Großstadt ideal, weil mehr Singles (oder die vorgeben, welche zu sein) pro Quadratkilometer verfügbar sind. Mit diesem quasi uneingeschränkten Angebot kommen aber viele Menschen nicht gut klar, weshalb die „Stadt der Singles" auch auf Dauer die Stadt der Singles bleibt, denn bei dieser übergroßen Auswahl bleibt bei jedem Kennenlernen der zarte Zweifel, ob sich nicht doch noch etwas Besseres findet. Menschen sehnen sich nach Partnerschaft, Vertrauen und wollen „endlich ankommen", so steht es in vielen Profilen, aber die Menschen kommen nicht an. Was diesen Menschen helfen würde, wäre ein begrenzteres Angebot dort, wo man wirklich ankommen kann: auf dem Land. Aber dort wiederum herrscht die Angst, das Angebot könnte zu eingeschränkt sein und man werde damit nicht glücklich. Ein absurder Teufelskreis…

Die Absurdität in Krisenzeiten

Warum Menschen zu Verschwörungsmythen neigen, obwohl sie vielleicht gar nicht so dumm sind oder politisch in eine radikale Ecke geschoben werden können, ist ein faszinierendes Phänomen und wahrscheinlich das Absurdeste, was unsere Gesellschaft in diesen Tagen der Corona-Pandemie in Deutschland beschäftigt.

Die Anhänger von QAnon und anderen Verschwörungsmystikern sind besonders kritisch oder behaupten zumindest, es zu sein (was alleine schon absurd ist, wenn man die Verschwörungsmythen aus logischer Sicht betrachtet). Sie wollen den Dingen auf den Grund gehen, die Ursache kennen und genau erforschen, warum Dinge so sind, wie sie sind. Diese Menschen sind neugierig und wollen jedes Rätsel lösen. Deshalb ist auch QAnon so besonders erfolgreich. Der geheimnisvolle Q schreibt nicht einfach vor, wie seine krude Theorie aussieht, sondern fordert auf, sich im Internet selbst zu erkundigen. Die Schlagworte, die man dann als geneigte Leserin oder geneigter Leser in die Suchmaschine eingibt, führen dann natürlich zu den entsprechenden Seiten, auf denen der Anfangsverdacht bestätigt und verstärkt wird. So hat der Mensch, der diesen Mythen anhängt, das Gefühl, etwas selbst herausgefunden zu haben und einem Mysterium selbst auf die Schliche gekommen zu sein. Derjenige erhebt sich damit in einem eigenen Akt von der Masse der „dummen" Menschen, die alles glauben, was die Lügenpresse ihnen vorsetzt. Derjenige muss also nicht einmal einem Anführer folgen, sondern findet selbst heraus, wie der Hase wirklich läuft. Das ist eine massive Verstärkung der Radikalisierung.

Dabei sind es nicht nur Rechtsextremisten, die sich in Verschwörungserzählungen verlieren, sondern auch Menschen, die eher am linken Rand des politischen Spektrums stehen. Die „Sei wachsam" von Reinhard Mey hören und dem politischen Establishment sowieso misstrauen. Die etwas älteren Menschen haben vor Jahrzehnten schon gegen Atomkraft, den kalten Krieg oder die Startbahn West am Frankfurter Flughafen protestiert. Auch sie hinterfragen kritisch, was gerade passiert.

Die „Hufeisentheorie", die besagt, dass sich die radikalen Seiten durchaus ähnlich sind, ist zwar im Grundsatz Schwachsinn, weil man die rechte und die linke Szene aufgrund eines völlig anderen Aufbaus, unterschiedlichen Ideologien und Motivationen nicht miteinander vergleichen kann, aber eine Gemeinsamkeit stellt der Feind dar. Und da der Feind meines Feindes mein Freund ist, berühren sich hier tatsächlich linke und rechte Extreme. Der Feind, das sind die „Normalos" wie Linke sie nennen würden, „Schwächlinge" wie

Rechte sie nennen würden oder eben die „Schlafschafe", wie beide vereint die gutgläubigen Menschen nennen, die den Verschwörungsmythen keinen Glauben schenken.

Dass die Deutschen als das Volk der Dichter und Denker, die auf der ganzen Welt einmal bekannt waren für ihre Ingenieursleistung und ihre gute Technik, die das „Made in Germany" zu einem Qualitätssiegel gemacht haben, die eine Epoche der Aufklärung durchlebt haben, die über gute Schulen und Universitäten verfügen und die als moderne Industrienation guten Zugang zu einem riesigen Haufen Wissen haben, sich in Zeiten einer Pandemie in Teilen zu schlichten Gemütern entwickeln, die wirklich daran glauben, dass es eine weltweite Verschwörung von Politikern gibt, die ein Virus in einem Labor entwickelt haben, um irgend ein gemeinsames politisches Ziel zu verfolgen oder dass es eine Verschwörung von Menschen jüdischen Glaubens gibt, die christliche Kinder entführen und schlachten, um aus deren Blut einen Stoff zu gewinnen, der das Leben verlängert, das ist die größte Absurdität, die es derzeit gibt.

Am meisten erschreckt mich daran, dass trotz aller anderen Feindbilder die sich anbieten und in der jüngeren Vergangenheit auch genutzt wurden, es immer wieder die Jüdinnen und Juden sind, die als Sündenbock herhalten müssen. Seit vielen Jahrhunderten wurden Menschen jüdischen Glaubens diskriminiert. Sie hatten viele Rechte nicht, die andere Menschen hatten, nur weil sie Juden waren. Grund waren Päpste, die im finsteren Mittelalter den Juden die Schuld am Tod von Jesus gegeben haben.

Vor knapp einhundert Jahren dann begann eine Zeit, in der Antisemitismus auf eine nicht nur absurde, sondern perverse Spitze getrieben wurde, in der Juden getötet wurden, weil man Menschen dieser einen Religion alle möglichen schlechten Dinge nachsagte. Nach der Überwindung des Nationalsozialismus und einer mehr oder minder intensiven Aufarbeitung der Historie müsste jedem noch so minderbemittelten Geist klar sein, dass Menschen einfach nur Menschen sind, unabhängig von ihrer Religion und natürlich auch ihres Geschlechts, ihrer Hautfarbe, ihrer Sprache, Abstammung oder Herkunft, ihrer politischen Anschauung oder einer Behinderung. Es gibt keine Wertigkeit von Menschen, kein besser oder schlechter, sondern alle Menschen sind einfach nur Menschen und die Menschlichkeit und die Solidarität als Grundgedanke verpflichtet uns dazu, aufeinander aufzupassen, füreinander da zu sein und uns zu helfen. Und trotz dieser Werte, die im Grundgesetz stehen und die uns aufgrund unserer (ach so) christlichen Tradition in Europa in Fleisch und Blut übergegangen sein müssten, lassen wir Menschen, die vor Krieg und Bürgerkrieg, vor Gewalt und Zerstörung fliehen, an unseren Grenzen lieber sterben oder unter menschenunwürdigen Bedingungen leben, als unser Zuhause mit einem Dach als Schutz vor Wetter, einer funktionierender Wasser- und Stromversorgung und Zugang zu allen möglichen Informationsressourcen zu teilen. Unsere Bequemlichkeit ist uns mehr Wert, als das Leben unserer Mitmenschen und sobald eine kleine Krise unsere Gesellschaft trifft, holen wieder und wieder Teile dieser Gesellschaft nur wenige Jahrzehnte nach Ende des zweiten Weltkrieges die immer gleiche Phrase „Der Jude ist schuld" heraus. Das ist so absurd, dass es mich sprachlos zurücklässt. Andererseits darf man nicht sprachlos bleiben, sondern muss dem ganzen Treiben etwas entgegensetzen. Hatte früher jedes Dorf seinen Trottel, den die Mehrheit des Dorfes nicht ernst genommen hat und der seine verrückten Ideen maximal auf dem Dorfplatz verbreiten konnte, so verbreitet sich heutzutage jeder Schwachsinn weltweit, die Trottel treffen sich, bestätigen sich gegenseitig und plötzlich wirkt es wie eine Masse von Menschen und man steht ohnmächtig vor dieser vermeintlichen Masse und fragt sich, wie das passieren konnte.

Die Masse ist nicht so groß und man kann ihr etwas entgegensetzen. Man kann die Dorftrottel nach Hause schicken und klar machen, dass die weit überwiegende große Masse der Menschen in unserer Gesellschaft vernünftige Leute sind, die sich gerne konstruktiv beteiligen und den Verbreiterinnen und Verbreitern von kruden Mysterien nicht auf den Leim gehen.

In meiner Beschreibung des Weihnachtsfests am Anfang dieses Buches habe ich bildlich beschrieben, wie ein wirklich misslungenes Weihnachtsfest aussehen könnte. Ich musste dies als Beispiel genau so wählen, obwohl es auch viele Menschen gibt, die sich wenig schenken, die zur Ruhe kommen und die eine durchaus besinnliche Advents- und Weihnachtszeit verleben. Wie würde eine Kritik an meiner Darstellung seitens eines Dorfdeppen aussehen? In etwa so:

„Der Text ist total überspitzt. So läuft Weihnachten gar nicht ab."

„Ja natürlich. Als Autor muss ich es überspitzt darstellen, um zum Nachdenken anzuregen."

„Du legst Dir die Welt also so zurecht, wie es Dir passt." (grundsätzlich werde ich von unangenehmen Typen, die Verschwörungsmythen anhängen nicht mit „Sie" angesprochen, warum auch immer)

„Nein, ich lege mir die Welt nicht zurecht, ich stelle sie dar, um damit etwas zu sagen, eine Botschaft rüber zu bringen."

„Also stellst Du nicht die Realität dar?"

„Doch, einen Teil der Realität, um auf ein Problem aufmerksam zu machen."

„Du berichtest also einseitig und lässt bewusst Dinge weg?"

„Wenn Sie es so sehen wollen, dann ja, denn ich bin kein Berichterstatter, der verpflichtet ist, Geschehnisse möglichst neutral darzustellen, sondern muss dieses Stilmittel wählen, um auf die Absurdität unseres Weihnachtsfestes, so wie ich sie empfinde, aufmerksam zu machen." (ich rede die Aluhüte grundsätzlich mit „Sie" an. Es soll auf keinen Fall der Eindruck entstehen, ich würde mein Gegenüber kennen)

Bei einer realen Begegnung wäre der Wortwechsel jetzt hier zu Ende, denn mein Gegenüber würde abwinken, mich als dämlich bezeichnen oder mich anderweitig beleidigen. Vielleicht würde er mir noch erklären, wie es wirklich läuft in unserer Welt, denn ihm geht es nicht um das, was ich geschrieben oder gesagt habe, sondern um das, was er selbst verbreiten möchte. Er macht sich nicht die Mühe, verstehen zu wollen, warum ich etwas verkürzt oder überspitzt dargestellt habe, sondern er arbeitet sich an der Form, quasi an der Äußerlichkeit ab und möchte gar nicht wissen, was für ein Inhalt, für ein Sinn dahinter steckt. Das wäre zu kompliziert und würde ihn in seiner Meinung nur behindern.

Die bereits bei den alten Griechen kultivierte Kultur des Diskurses mit den Grundlagen der Rhetorik spielen immer weniger eine Rolle. Es geht darum, sich durchzusetzen, nach vorne zu kommen, Erfolg zu haben, zu den „Besseren" zu gehören oder reich und mächtig zu werden oder zumindest zu fühlen. Jedes Individuum scheint dabei an sich zu denken, sich selbst in den Mittelpunkt zu stellen und sich von anderen abgrenzen zu wollen. Wir sind also ein Volk der Egoisten geworden, ein Volk der Blender, der Schauspieler, der Ausgrenzer. Andererseits haben wir uns als Gesellschaft doch auch weiterentwickelt und verfügen heute über eine enorm hohe Technisierung mit quasi uneingeschränkter Kommunikation. Wir sehen das Elend am anderen Ende der Welt, das wir bis vor einigen Jahren sonst gar nicht zu Gesicht bekommen haben und es gibt immer mehr Menschen, die dieses Bild sehen, an uns Menschen als Allgemeinheit denken und sich gegenseitig helfen.

Absurditäten wird es daher immer geben. Wir werden sie nicht abstellen können, aber wir können sie benennen, laut aussprechen, aufschreiben und so darauf aufmerksam machen. Packen wir es an, damit möglichst wenig absurd ist und die Vernunft und der Menschenverstand sich durchsetzen – knapp zweieinhalb Jahrhunderte, nachdem die Aufklärung durch die Implementierung des rationalen Denkens alle dem Fortschritt entgegenstehenden Hindernisse hatte ausräumen wollen.

Mir bleibt nur ein Fazit:

Es ist wie es ist, es kommt wie es kommt und es ist noch immer gut gegangen.